READING POWER
En Español

Historia de los deportes

La historia del hockey

Anastasia Suen

The Rosen Publishing Group's
Editorial Buenas Letras™
New York

Published in 2003 by The Rosen Publishing Group, Inc.
29 East 21st Street, New York, NY 10010

First Edition in Spanish 2003
First Edition in English 2002

Book Design: Laura Stein

Photo Credits: Cover, back cover, pp. 12, 15 © Bettmann/Corbis; pp. 5, 7, 16–17 © Hulton Getty Collection/Archive Photos; p. 9 © Index Stock; pp. 10–11 © Meurisse/Archive Photos; p.13 © Sean Sexton Collection/Corbis; pp.18, 21 (top) © Wally McNamee/Corbis; p. 19 © Jim McKnight/AP/Wide World Photos; p. 20 © AP/Wide World Photos; p. 21 (bottom) © Tony Freeman/PhotoEdit

Suen, Anastasia.
    La historia del hockey / por Anastasia Suen ; traducción al español: Spanish Educational Publishing
    p.cm. — (Historia de los deportes)
    Includes bibliographical references and index.
    ISBN 0-8239-6870-7 (lib.bdg.)
    1.Hockey —Juvenile literature.[1.Hockey —History. 2. Spanish Language Materials.] I.Title.

    GV847.25 .S92 2001
    796.962 —dc21
                                    2001000648

Manufactured in the United States of America

Contenido

Inicio   4

Desarrollo del hockey   10

Ligas profesionales   14

Las Olimpíadas   16

La mujer en el hockey   18

Glosario   22

Recursos   23

Índice/Número de
  palabras   24

Nota   24

Inicio

En muchos países se ha jugado a pegarle a una pelota con un palo desde hace siglos. Los jugadores golpeaban la pelota por tierra con un palo curvo.

¡ES UN HECHO!

El *hurling*, un juego similar al hockey, se jugaba en Irlanda hace 3,000 años.

A principios de los años 1800, los indígenas micmac de Nueva Escocia jugaban con palos y pelota en los lagos congelados. Golpeaban un círculo de madera con un palo.

Estos señores juegan shinty, *un juego escocés, en 1845.*

Los primeros exploradores franceses que llegaron a Canadá vieron jugar a los indígenas micmac. Llamaron *hoquet* al juego. *Hoquet* significa "bastón de pastor" en francés.

Bastón de pastor

7

A finales de los años 1800, el hockey se jugaba por todo Canadá. En 1879, los estudiantes de la Universidad McGill crearon las primeras reglas del juego.

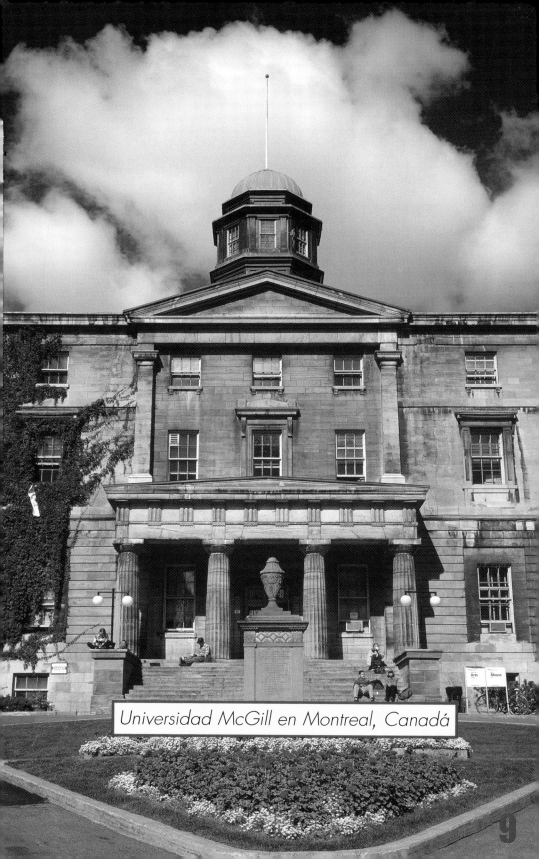

Universidad McGill en Montreal, Canadá

Desarrollo del hockey

En un principio, se jugaba hockey por diversión y no por dinero. Quienes no ganan dinero por jugar un deporte se llaman amateurs.

En los años 1880 se formó
la primera asociación de hockey
amateur en Canadá. Allá el hockey
amateur se ha jugado por más
de cien años.

*Este equipo canadiense ganó el
campeonato de hockey amateur en 1924.*

Lord Stanley fue un gobernador canadiense a quien le encantaba el hockey. En 1893 compró un trofeo para dárselo al mejor equipo cada año. Se llamó la Copa Stanley.

El nombre del equipo ganador se escribe en la Copa Stanley cada año.

Lord Stanley

Ligas profesionales

El hockey se volvió más popular y se crearon nuevas ligas. En 1917 la *National Hockey League* (NHL) se inició con cuatro equipos canadienses. Después, entraron a la liga equipos estadounidenses.

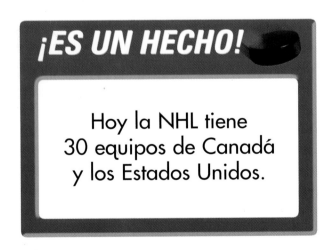

¡ES UN HECHO!

Hoy la NHL tiene 30 equipos de Canadá y los Estados Unidos.

Partido entre los Blackhawks de Chicago y los Maroons de Montreal en 1929.

15

Las Olimpíadas

El hockey se jugó en las Olimpíadas por primera vez en 1920. Fue tan popular que en 1924 lo declararon un deporte olímpico oficial.

Ganadores de la medalla de oro

Rusia	Canadá	Estados Unidos
8	6	2

Canadá le ganó a los Estados Unidos en la final de las Olimpíadas de 1924.

La mujer en el hockey

Las mujeres también juegan hockey en las Olimpíadas. El primer partido olímpico femenil se jugó en 1998. Los Estados Unidos ganó la medalla de oro.

El equipo estadounidense en 1998.

Las mujeres jugaron por primera vez en la NHL en los años 1990.

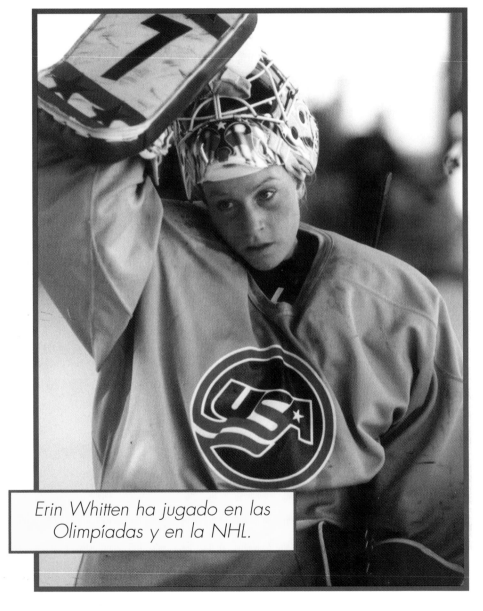

Erin Whitten ha jugado en las Olimpíadas y en la NHL.

El hockey es un deporte muy antiguo. Lo siguen jugando personas de todas las edades.

Wayne Gretzky es el líder goleador de todos los tiempos en la NHL.

Glosario

amateur (el/la) persona que hace algo por diversión y no por dinero

asociación (la) grupo organizado

bastón de pastor (el) palo curvo para arrear animales

gobernador (el) líder oficial de un país o estado

hurling **(el)** juego irlandés similar al hockey

liga (la) grupo de equipos

shinty **(el)** juego escocés similar al hockey

trofeo (el) premio como símbolo de victoria

Recursos

Libros

Ice Hockey
Carrie L. Muskat
Chelsea House Publishers (1999)

Gold Medal Ice Hockey for Women and Girls
Tricia Dunn, Katie King, y Brian Tarcy
Chandler House Press (1999)

Sitios web

Debido a las constantes modificaciones en los sitios de Internet, PowerKids Press ha desarrollado una guía on-line de sitios relacionados al tema de este libro. Nuestro sitio web se actualiza constantemente. Por favor utiliza la siguiente dirección para consultar la lista:

http://www.buenasletraslinks.com/hist/hocksp/

Índice

A
amateur, 10–11
asociación, 11

B
bastón de pastor, 6–7

C
Copa Stanley, 12

G
gobernador, 12

I
indígenas micmac, 5–6

L
liga, 14
Lord Stanley, 12–13

M
McGill, Universidad, 8–9

N
NHL, 14, 20–21

O
Olimpíadas, 16–18, 20

T
trofeo, 12

Número de palabras: 318

Nota para bibliotecarios, maestros y padres de familia

Si leer es un reto, ¡Reading Power en español es la solución! Reading Power es ideal para lectores hispanoparlantes que buscan un nivel de lectura accesible en su propio idioma. Ilustrados con fotografías, estos libros presentan la información de manera atractiva y utilizan un vocabulario sencillo que tiene en cuenta las diferencias lingüísticas entre los lectores hispanos. Relacionando claramente texto con imágenes, los libros de Reading Power dan al lector todo el control. Ahora los lectores cuentan con el poder para obtener la información y la experiencia que necesitan en un ameno formato completamente ¡en español!

Note to Librarians, Teachers, and Parents

If reading is a challenge, Reading Power is a solution! Reading Power is perfect for readers who want high-interest subject matter at an accessible reading level. These fact-filled, photo-illustrated books are designed for readers who want straightforward vocabulary, engaging topics, and a manageable reading experience. With clear picture/text correspondence, leveled Reading Power books put the reader in charge. Now readers have the power to get the information they want and the skills they need in a user-friendly format.